CATALOGUE GÉNÉRAL

DES

GRAVURES

REPRODUISANT LES

ŒUVRES DE PEINTURE OU DE SCULPTURE
QUI DÉCORENT LES ÉDIFICES

DE

LA VILLE DE PARIS

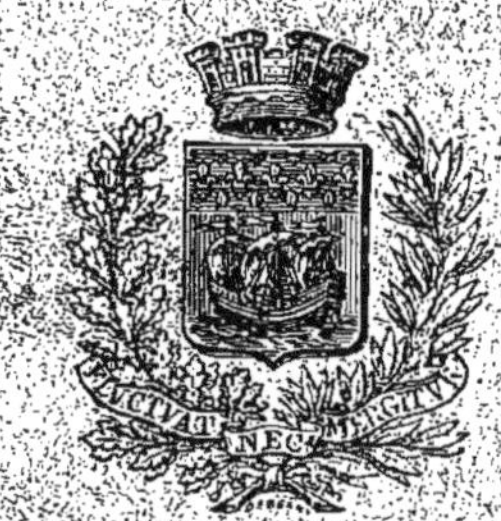

HARO
ÉDITEUR DE LA VILLE DE PARIS
20, RUE BONAPARTE, ET RUE VISCONTI, 14

PARIS ET DANS LES DÉPARTEMENTS
Chez les principaux Marchands d'Estampes

1875

CATALOGUE GÉNÉRAL

DES

GRAVURES

REPRODUISANT LES

ŒUVRES DE PEINTURE OU DE SCULPTURE

QUI DÉCORENT LES ÉDIFICES

DE

LA VILLE DE PARIS

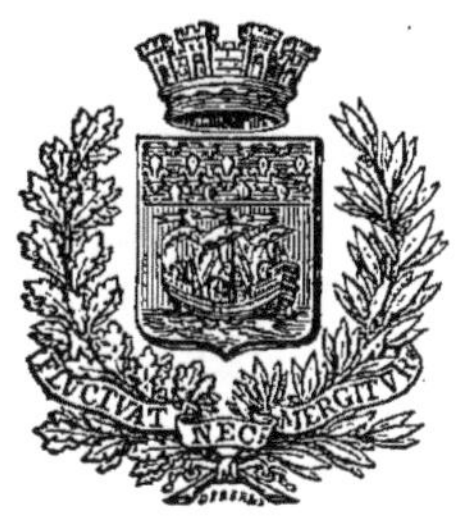

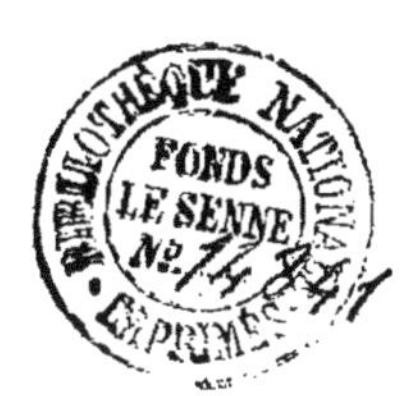

HARO

ÉDITEUR DE LA VILLE DE PARIS

20, RUE BONAPARTE, ET RUE VISCONTI, 14

A PARIS ET DANS LES DÉPARTEMENTS

Chez les principaux Marchands d'Estampes

1875

Ces publications, faites sous le contrôle et la direction de la Commission des BEAUX-ARTS *de la* PRÉFECTURE DE LA SEINE, *ont pour but principal de consacrer le Souvenir des Œuvres d'art exécutées au nom de la* VILLE DE PARIS *et d'assurer à ces œuvres la publicité dont elles sont dignes, tant par leur objet que par le mérite des Artistes auxquels elles sont confiées.*

Le mur est la véritable école du peintre d'histoire. Là, point de frivoles artifices, de clair-obscur, point de séduction coquette du pinceau ; il faut du style, de la simplicité, de la grandeur, des qualités austères et magistrales.

La composition encadrée d'architecture doit avoir de l'ordonnance, du rhythme, de la symétrie et se conformer à des lois d'optique, de perspective et d'espace.

Grâce à l'intelligente direction qui applique à ces travaux sur place le talent de nos artistes, la triste nudité de nos églises et de nos monuments à l'intérieur aura bientôt disparu sous un riche vêtement.

A Paris, la piété seule amène les fidèles aux temples : on n'y va guère que pour prier; l'art ne leur envoie qu'un petit nombre de visiteurs. En Italie, les églises sont presque toutes des musées religieux remplis par les chefs-d'œuvre des maîtres, et que le voyageur, quelle que soit sa croyance, ne saurait négliger. Jusqu'à présent la pauvreté de nos églises en fait de peintures et de sculptures justifiait cet abandon; mais les choses se sont bien modifiées, et dans peu de temps nous n'aurons plus rien à envier au catholicisme magnifique et splendide de l'Italie, de l'Espagne et de la Belgique.

L'on peut même dire à notre avantage que nous ne devons rien aux gloires du passé, et qu'à une époque réputée sceptique, l'art aura su tisser pour nos églises une précieuse tunique de peinture; l'on ne se doute guère, à travers la vie haletante et sans loisir que chacun mène plus ou moins, des richesses que renferme déjà Paris en ce genre; bientôt les touristes nous l'apprendront en visitant nos églises comme celles de Rome.

Il y a déjà près de dix années que notre ami regretté, Théophile Gautier, nous écrivait les lignes qui précèdent au moment où nous commencions les reproductions par la gravure des peintures murales d'Hippolyte Flandrin, cette belle panathénée chrétienne déroulée en deux théories le long des frises de Saint-Vincent-de-Paul et de Saint-Germain-des-Prés.

Gautier, Flandrin, Soumy qui avait commencé à graver la première planche, M. Forster et M. Baltard, qui avaient dirigé les commencements de cette publication, ne sont plus : si la gravure, si l'entaille du ferme burin sur le cuivre affirment pour ainsi dire à tout jamais le souvenir et l'immortalité d'une œuvre, quel temps faut-il aussi pour arriver à la conclusion du travail définitif! Maintenant seulement nous allons pouvoir livrer au public la *Montée au calvaire,* gravée d'après Hippolyte Flandrin par M. Poncet, cette planche qui fait le pendant de l'*Entrée de Jésus à Jérusalem* doit nous être remise sous peu de jours et nous permettre de présenter un ensemble complet, des deux peintures murales du chœur de Saint-Germain-des-Prés.

Nous sommes en mesure de livrer aux amateurs, aux collectionneurs et aux artistes les gravures, épreuves d'artiste, avant la lettre, ou après la lettre, des peintures murales de Saint-Eustache d'après M. Signol, membre de l'Institut; la *Théologie,* gravée par M. Bridoux; la *Charité,* gravée par M. Bertinot; *Sainte Ursule, Sainte Catherine* et *la Vierge accompagnée d'anges,* par M. Deveaux; le *Martyre de saint Cyr et de sainte Julitte,* d'après M. Heim, gravé par M. Martinet; l'*Apothéose de l'empereur Napoléon Ier,* d'après M. Ingres, gravé par M. Salmon; le *Sacrifice païen* d'après M. Hesse, gravé par M. Bridoux.

Signalons encore les belles reproductions par la gravure du salon du Zodiaque, à l'Hôtel de ville, peintures détruites par les incendiaires de la Commune. Le *Printemps,* l'*Été,* l'*Automne* et l'*Hiver,* quatre pendants décoratifs dus au pinceau de M. Léon Cogniet, membre de l'Institut, gravés par MM. Wilmann et Outhwaite. Sans donner la liste complète des ouvrages en cours d'exécution, nous pouvons encore indiquer les reproductions des peintures murales de Saint-Germain-des-Prés et enfin de la galerie des fêtes de l'Hôtel de ville, par M. Henri Lehmann, de l'Institut.

HARO.

GRAVURES

PUBLIÉES

PAR LA VILLE DE PARIS

NUMÉROS d'ordre.	TITRES DES GRAVURES.	NOMS des PEINTRES.	NOMS des GRAVEURS.	PRIX DES ÉPREUVES. Avec la lettre.	Avant la lettre.	d'Artistes.
				fr.	fr.	fr.
1	**Entrée de Jésus à Jérusalem** . . . . H., 0m,45. L., 0m,70. *Église de Saint-Germain-des-Prés.*	Hte Flandrin	Soumy et Poncet	30	150	200
2	**La Montée au Calvaire**. H., 0m,45. L., 0m,70. *Église de Saint-Germain-des-Prés.*	Hte Flandrin	Poncet	30	150	200
3	**St Louis de Gonzague.** Vision du saint. — Le saint visitant les pestiférés à Rome. H., 0m,50. L., 0m,22. *Église de Saint-Eustache.*	Bézard	Martinet	12	50	60
4	**St Louis de Gonzague.** Première Communion du saint. — Le saint renonce à sa famille et à ses biens. H., 0m,50. L., 0m,22. *Église de Saint-Eustache.*	Bézard	Haussoullier	12	50	60
5	**La Théologie** . . . . . . Jésus enfant chez les Docteurs. H., 0m,50. L., 0m,22. *Église de Saint-Eustache.*	Signol	Bridoux	12	50	60

NUMÉROS d'ordre.	TITRES DES GRAVURES.	NOMS		PRIX DES ÉPREUVES.		
		des PEINTRES.	des GRAVEURS.	Avec la lettre.	Avant la lettre.	d'Artistes.
				fr.	fr.	fr.
6	**La Charité.** . . . . Jésus bénissant les petits enfants. H., 0m,50. L., 0m,22. *Église de Saint-Eustache.*	SIGNOL	BERTINOT	12	50	60
7	**Sainte Ursule et sainte Catherine.** . . . . . . H., 0m,22. L., 0m,13. *Église de Saint-Eustache.*	SIGNOL	DEVEAUX	6	12	18
8	**La Vierge accompagnée d'Anges adorateurs.** . . . . H., 0m,19. L., 0m,44. *Église de Saint-Eustache.*	SIGNOL	DEVEAUX	6	12	18
9	**Le Printemps.** . . . . . H., 0m,20. L., 0m,48. *Salon du Zodiaque, à l'Hôtel de ville.*	L. COGNIET	WILMANN	12	50	60
10	**L'Été.** . . . . H., 0m,20. L., 0m,48. *Salon du Zodiaque, à l'Hôtel de ville.*	L. COGNIET	WILMANN	12	50	60
11	**L'Automne** . . . . H., 0m,20. L., 0m,48. *Salon du Zodiaque, à l'Hôtel de ville.*	L. COGNIET	OUTHWAITE	12	50	60
12	**L'Hiver** . . . . H., 0m,20. L., 0m,48. *Salon du Zodiaque, à l'Hôtel de ville.*	L. COGNIET	OUTHWAITE	12	50	60
13	**Martyre de saint Cyr et de sainte Julitte.** H., 0m,41. L., 0m,27. *Église Saint-Gervais.*	HEIM	MARTINET	20	40	60
14	**L'Apothéose de Napoléon Ier** . . . . H., 0m,35. L., 0m,35. *Salon de l'Empereur, à l'Hôtel de ville.*	INGRES	SALMON			
15	**Le Sacrifice païen** . . . H., 0m,00. L., 0m,00. *Église Saint-Gervais.* En cours d'exécution.	ALEX. HESSE	BRIDOUX			

NUMÉROS d'ordre.	TITRES DES GRAVURES.	NOMS des PEINTRES.	NOMS des GRAVEURS.	PRIX DES ÉPREUVES. Avec la lettre.	Avant la lettre.	d'Artistes.
				fr.	fr.	fr.
	PEINTURES MURALES DANS LES DEUX PREMIÈRES TRAVÉES DE GAUCHE DE LA NEF DE L'ÉGLISE DE SAINT-GERMAIN-DES-PRÉS					
	Première Travée.					
16	**L'Annonciation. . . . .** H., 0m,26. L., 0m,30.	Hte FLANDRIN	PONCET			
17	**Le Buisson ardent. . .** H., 0m,26. L., 0m,30.	Hte FLANDRIN	PONCET			
18	**Adam — Ève — Abel — Énoch. . . . .** H., 0m,26. L., 0m,30.	Hte FLANDRIN	PONCET			
	Deuxième Travée.					
19	**Adam et Ève dans le paradis terrestre. . .** H., 0m,26. L., 0m,30.	Hte FLANDRIN	PONCET			
20	**La Nativité. . . . . . .** H., 0m,26. L., 0m,30.	Hte FLANDRIN	PONCET			
21	**Noé — Abraham — Isaac — Melchisédech. . . .** H., 0m,26. L., 0m,30.	Hte FLANDRIN	PONCET			
	NB. Les Travées suivantes sont en cours d'exécution.					
22	**Peintures décorant une des travées de la chapelle Sainte-Marie-l'Égyptienne . . . .** H., 0m,00. L., 0m,00.	CHASSÉRIAU	HAUSSOULLIER			
	Église Saint-Merri.					
23	**Peintures décorant la Galerie des fêtes à l'Hôtel de ville. . . .** H., 0m,00. L., 0m,00.	LEHMANN	DUBOUCHET, DANGUIN, LEVASSEUR, MORSE			
	NB. Ces Gravures forment la première partie d'une publication entreprise par la Ville d'après les peintures de M. LEHMANN. L'ensemble se compose de 28 Planches et d'une Note explicative. Le tout pouvant être réuni en Album.					

PUBLICATIONS

DE LA

MAISON HARO

GRAVURES — LITHOGRAPHIES

PHOTOGRAPHIES

GRANDS OUVRAGES ET ALBUMS ILLUSTRÉS

ALBUMS

D'APRÈS

LES PEINTURES EXÉCUTÉES

PAR

HIPPOLYTE FLANDRIN

NUMÉROS d'ordre.	TITRES DES OUVRAGES.	NOMS des PEINTRES.	NOMS DES GRAVEURS OU LITHOGRAPHES.	PRIX DES ÉPREUVES.		
				fr.	fr.	fr.
1°	**Frise de la Nef de l'Église de Saint-Vincent-de-Paul. . .** Cet Album se compose de 14 Planches lithographiées.	H^te^ FLANDRIN	H^te^ et PAUL FLANDRIN	50		
2°	**Peintures murales exécutées dans les églises de Saint-Paul à Nîmes et de Saint-Martin-d'Ainay à Lyon . . . .** Cet Album se compose de 19 Planches lithographiées.	H^te^ FLANDRIN	PONCET	50		

LITHOGRAPHIES

NUMÉROS d'ordre.	TITRES DES OUVRAGES.	NOMS des PEINTRES.	NOMS DES GRAVEURS OU LITHOGRAPHES.	PRIX DES ÉPREUVES.		
				fr.	fr.	fr.
1°	**Saint Clair** . . . . (Guérissant les aveugles.) H., 0m,33. L., 0m,18.	Hte Flandrin	Ate Hirsch	3		
2°	**Mater dolorosa**. . . . . H., 0m,24. L., 0m,16.	Hte Flandrin	Ate Hirsch	3		
3°	**Tête de Christ** . . . . . H., 0m,33. L., 0m,27.	Hte Flandrin	Laurens	2		

PHOTOGRAPHIES

NUMÉROS d'ordre.	TITRES.	NOMS des PEINTRES.	NOMS DES GRAVEURS ou PHOTOGRAPHES.	PRIX DES ÉPREUVES.		
				fr.	fr.	fr.
1°	**Le Plafond d'Homère** .	INGRES		15		
2°	**50 Études diverses,** d'après les principaux ouvrages de M. INGRES.					
3°	**60 Études diverses,** d'après les principaux ouvrages de M. HIPPOLYTE FLANDRIN.					
4°	**Dans la rosée**	CAROL. DURAN	BRAUN			
5°	**Photographies artistiques.**					

AU GÉNIE DES ARTS

ANCIENNE MAISON HARO

TROIS PREMIÈRES MÉDAILLES

AUX

EXPOSITIONS UNIVERSELLES DE LONDRES

EXPERTISE D'OBJETS D'ART — DIRECTION DE VENTES PUBLIQUES

HARO *

Peintre-Expert

RESTAURATEUR DE TABLEAUX DU MINISTÈRE DES TRAVAUX PUBLICS
ET DES TUILERIES

ARTICLES DE PEINTURE, DE DESSIN

ET ENCADREMENTS

20, rue Bonaparte, 20

ATELIERS DE RESTAURATION

ET GALERIE DE TABLEAUX

14, rue Visconti (ancienne rue des Marais-Saint-Germain)

PARIS. — J. CLAYE, IMPRIMEUR, 7, RUE SAINT-BENOIT. — [1277]

www.ingramcontent.com/pod-product-compliance
Ingram Content Group UK Ltd.
Pitfield, Milton Keynes, MK11 3LW, UK
UKHW021019220726
13924UKWH00001B/64

9 782019 953171